La historia de

la inmigración de EE. UU.

Datos

Cathy D'Alessandro y Noelle Hoffmeister

Asesora

Lorrie McConnell, M.A.
Especialista de capacitación profesional TK–12
Moreno Valley USD, CA

Créditos de publicación

Rachelle Cracchiolo, M.S.Ed., *Editora comercial*
Conni Medina, M.A.Ed., *Gerente editorial*
Dona Herweck Rice, *Realizadora de la serie*
Emily R. Smith, M.A.Ed., *Realizadora de la serie*
Diana Kenney, M.A.Ed., NBCT, *Directora de contenido*
June Kikuchi, *Directora de contenido*
Caroline Gasca, M.S.Ed., *Editora superior*
Stacy Monsman, M.A., *Editora*
Michelle Jovin, M.A., *Editora asociada*
Sam Morales, M.A., *Editor asociado*
Fabiola Sepúlveda, *Diseñadora gráfica*
Jill Malcolm, *Diseñadora gráfica básica*

Créditos de imágenes: portada, pág.1 Bettmann/Getty Images; pág.6 BalkansCat/
iStock; págs.10, 11, 21 (superior) Granger Academic; pág.12 (izquierda) Universal
History Archive/UIG via Getty Images; pág.15 Richard Cummins/Getty Images;
págs.16–17 Felix Lipov/Shutterstock; pág.20 Courtesy of California Historical
Society (Neg#: FN-18240); pág.21 (inferior) Justin Sullivan/Getty Images; pág.22
Justin Sullivan/Getty Images; pág.23 Bob Chamberlin/Los Angeles Times via Getty
Image; págs.24, 25 Brian Snyder/Reuters/Newscom; todas las demás imágenes de
iStock y/o Shutterstock.

Library of Congress Cataloging-in-Publication Data

Names: D'Alessandro, Cathy, author. | Hoffmeister, Noelle, author.
Title: La historia de la inmigraci?on de EE.UU. Datos / Cathy D'Alessandro y
  Noelle Hoffmeister.
Other titles: History of U.S. immigration. Data. Spanish | Historia de la
  inmigraci?on de los Estados Unidos
Description: Huntington Beach, CA : Teacher Created Materials, 2019. |
  Audience: K to Grade 3. |
Identifiers: LCCN 2018007624 (print) | LCCN 2018015273 (ebook) | ISBN
  9781425823351 (ebook) | ISBN 9781425828738 (pbk.)
Subjects: LCSH: United States--Emigration and immigration--History--Juvenile
  literature. | Immigrants--United States--History--Juvenile literature.
Classification: LCC JV6450 (ebook) | LCC JV6450 .D5318 2019 (print) | DDC
  304.8/73009--dc23
LC record available at https://lccn.loc.gov/2018007624

Teacher Created Materials

5301 Oceanus Drive
Huntington Beach, CA 92649-1030
www.tcmpub.com

ISBN 978-1-4258-2873-8

Contenido

Una familia conduce a una nueva ciudad.

Una mudanza importante

Mudarse a un lugar nuevo puede ser difícil. Tienes que encontrar un lugar nuevo donde vivir, una escuela nueva y amigos nuevos. ¡Incluso mudarse a una distancia corta puede ser estresante!

Algunos se mudan muy lejos. Se mudan a distintos países. Las personas pueden usar barcos, automóviles o aviones para llegar a su nuevo hogar. Incluso algunos pueden ir caminando. Todas estas personas se llaman **inmigrantes**. Estados Unidos tiene muchos inmigrantes.

Hay muchas maneras de viajar. Jairo preguntó a los estudiantes de su clase: "¿Prefieren viajar en barco, automóvil, avión o a pie?". El gráfico de pictogramas muestra los resultados.

Maneras de viajar

En barco	👤👤👤
En automóvil	👤👤👤👤👤👤👤👤
En avión	👤👤👤👤👤👤
A pie	👤👤👤

👤 representa a 1 estudiante

1. ¿Qué método de viaje recibió más votos?

2. ¿Qué métodos de viaje recibieron la misma cantidad de votos?

3. ¿Cuántos estudiantes votaron? ¿Cómo lo sabes?

Razones para partir

Las personas se mudan a Estados Unidos por muchas razones. Pueden mudarse para escapar de una guerra. Se les llama refugiados. Quieren vivir en un lugar seguro. Algunos dejan su hogar por sus **creencias**. Quizá no puedan elegir su religión. En Estados Unidos, las personas pueden elegir en qué quieren creer.

Una mujer cruza la frontera de México a Texas en 1938.

Un niño judío lee un libro de oración durante un servicio.

Una niña musulmana usa una tira de cuentas llamada *misbahah* para llevar un control de sus oraciones.

Muchos inmigrantes se mudan por trabajo. Algunas personas no pueden encontrar trabajo en donde viven. Piensan que mudarse los ayudará. Algunos de ellos piensan que Estados Unidos les podrá dar **oportunidades**. Piensan que el trabajo duro hará realidad sus sueños. Esta idea se llama "el sueño americano".

Los periódicos tienen listas de empleos para ayudar a las personas a encontrar trabajo.

EMPLEOS

AVANZAR EN UNA PROFESIÓN

El trabajo de este hombre es hornear pan.

En el pasado, la mayoría de las personas tomaban un barco para venir a Estados Unidos. El viaje podía durar meses.

Si los inmigrantes tenían mucho dinero, podían pagar boletos de primera clase. Eso significaba que tenían mejores habitaciones en los pisos superiores de los barcos.

Si los inmigrantes no tenían suficiente dinero, compraban boletos de segunda o tercera clase. Eso significaba que debían quedarse en un lugar llamado entrepuente. Estaba en el fondo del barco. En el entrepuente, las personas se sentaban y dormían muy juntas. Las **enfermedades** se propagaban rápido. Incluso algunos morían. El viaje era duro. Pero para muchas personas valía la pena.

Pasajeros de tercera clase viajan a Nueva York en 1902.

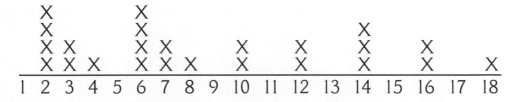

Este dibujo de 1870 muestra a pasajeros de primera clase disfrutando su viaje.

Muchos inmigrantes tenían apellidos largos que eran difíciles de deletrear en inglés. Imagina que este diagrama de puntos muestra la cantidad de letras de los apellidos de algunos inmigrantes. Cada X representa a una persona.

Cantidad de letras del apellido

```
X           X
X           X                       X
X  X        X  X        X        X   X        X
X  X  X     X  X  X     X        X   X        X              X
1  2  3  4  5  6  7  8  9  10 11 12 13 14 15 16 17 18
```

1. ¿Cuál es la mayor cantidad de letras de un apellido mostrado en el diagrama de puntos? ¿Cuál es la menor?

2. ¿Cuántas personas tenían apellidos con 12 o más letras?

3. Para este conjunto de datos, ¿cuántas personas tenían apellidos de 5 letras? ¿Cómo lo sabes?

11

Ellis Island

Hace mucho tiempo, los barcos de Europa **atracaban** en una isla llamada Ellis Island. Está en Nueva York. Una vez que las personas llegaban a tierra, debían esperar en filas largas. Para la mayoría, este **proceso** tomaba entre tres y cinco horas. Después, veían a médicos. Si las personas estaban sanas, podían entrar a Estados Unidos. Si estaban enfermas, debían esperar en Ellis Island hasta que estuvieran bien. Incluso, a veces, las enviaban de regreso a casa.

Trabajadores de Ellis Island revisan si las personas están enfermas en 1920.

12

Zoé descubre que las comidas populares en Ellis Island eran compota de ciruelas, estofado de res, frijoles cocidos y arenque (un tipo de pescado). Pregunta a su clase: "¿Qué comida elegirían?". El gráfico de barras muestra los resultados.

Comidas elegidas por los estudiantes

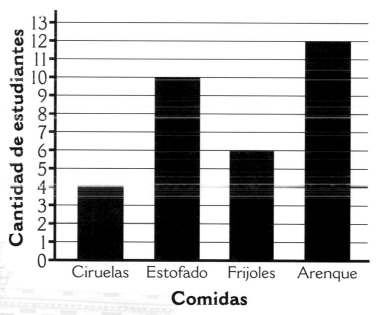

1. ¿Cuántos estudiantes eligieron ciruelas y frijoles?

2. ¿Cuántos estudiantes más eligieron arenque en lugar de estofado?

3. ¿Cuántos estudiantes en total tienen sus datos mostrados en el gráfico de barras? Demuestra o explica cómo lo sabes.

Ellis Island estuvo abierta por 62 años. Durante ese tiempo, muchas personas pasaron por sus puertas. La primera fue una niña llamada Annie Moore. Era de Irlanda. Annie y sus dos hermanos vinieron a encontrarse con sus padres. No se habían visto por dos años.

El 1.º de enero de 1892, Annie y sus hermanos pusieron un pie en el país que sería su nuevo hogar. Esa fecha significaba mucho para Annie. Era el día en que volvería a ver a su mamá y a su papá. ¡Y también era su cumpleaños!

Niños esperan en Ellis Island en 1908.

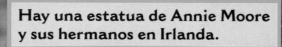

Hay una estatua de Annie Moore y sus hermanos en Irlanda.

En 1954, Ellis Island cerró. Estuvo cerrada durante muchos años. Hoy está abierta nuevamente. Ahora es un museo. Las personas pueden visitar la isla. Pueden ver dónde dormían y comían los inmigrantes. También pueden tomar barcos para ir a la Estatua de la Libertad. Las personas que vinieron por Ellis Island también vieron la estatua. Para muchos era un signo de esperanza.

Estatua de la Libertad

Las personas visitan el Great Hall en Ellis Island.

Angel Island

Angel Island está en California. Muchos inmigrantes también fueron allí. Pero la mayoría de los barcos que iban a Angel Island venían de Asia. La mayoría de los inmigrantes que llegaban a Angel Island no eran tratados bien. Algunos eran **detenidos**. Los mantenían en la isla durante semanas, meses o, incluso, años. Mientras estaban allí, los obligaban a vivir en habitaciones pequeñas. No tenían mucho para comer. Algunos bajaban de los barcos solo para que les dijeran que debían volver a su país.

Angel Island

No todos eran tratados igual en Angel Island. El gráfico de barras muestra cuánto dinero recibían distintos grupos de personas para comprar comida.

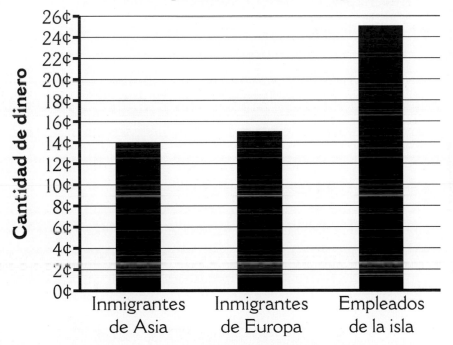

Dinero para comida en Angel Island

(Eje vertical: Cantidad de dinero — de 0¢ a 26¢)
(Eje horizontal: Grupos de personas)

- Inmigrantes de Asia: 14¢
- Inmigrantes de Europa: 15¢
- Empleados de la isla: 25¢

1. ¿Qué grupo recibía más dinero para gastar en comida? ¿Cuánto dinero recibían?

2. ¿Qué grupo recibía menos dinero para gastar en comida? ¿Cuánto dinero recibían?

3. Observa la cantidad de dinero que los inmigrantes recibían para gastar en su comida. ¿Cómo se compara con la cantidad de dinero que recibían los empleados?

Uno de cada dos inmigrantes de Angel Island era detenido. La mayoría venía de China. Incluso se detenía a niños. No había mucho que los niños pudieran hacer. No había juegos ni libros.

Don Lee llegó por Angel Island cuando tenía 11 años. Todos debían responder preguntas para entrar al país. Algunas preguntas eran fáciles. Es probable que debieran decir dónde y cuándo nacieron. Algunas preguntas eran mucho más difíciles. A Lee le preguntaron cuántas ventanas había en su casa. Algunas de sus respuestas estaban equivocadas. Así que no pudo entrar al país por casi un mes.

Angel Island estuvo abierta por 30 años. Durante ese tiempo, muchas personas fueron retenidas por al menos dos semanas. Algunos fueron retenidos por seis meses.

Alrededor de 1910, un grupo de mujeres chinas están detenidas en Angel Island.

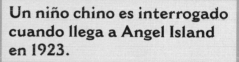

Un niño chino es interrogado cuando llega a Angel Island en 1923.

Lee visita Angel Island de adulto.

En 1940, un enorme incendio quemó gran parte de Angel Island. Después de eso, fue cerrada. Más adelante, se abrió como museo. Las personas pueden visitarla actualmente. En una parte de la visita se muestra dónde dormían los inmigrantes. Las camas están apiñadas en pequeñas habitaciones. Las cerraduras están en la parte exterior de las puertas. En las paredes, hay más de doscientos poemas. Los grabaron las personas que estaban en Angel Island. Eso las ayudaba a expresar sus sentimientos sobre estar en la isla. Hoy en día, esos poemas ayudan a las personas a conectarse con el pasado.

camas en Angel Island

Un inmigrante grabó este poema en una pared en Angel Island.

23

Tres personas se convierten en ciudadanos estadounidenses.

La inmigración hoy

Todos los años se mudan personas a Estados Unidos. Muchos de estos inmigrantes desean ser **ciudadanos** estadounidenses. No es un proceso fácil. Pero muchos creen que vale la pena el esfuerzo. Primero, deben llenar formularios para tener una **entrevista**. Luego, deben presentar un examen. La primera parte del examen verifica si pueden hablar, leer y escribir en inglés. La segunda parte del examen es sobre la historia de Estados Unidos. Las personas deben pasar ambas partes del examen. Si lo hacen, se convierten en ciudadanos estadounidenses.

Los inmigrantes deben prestar el Juramento de lealtad para convertirse en ciudadanos estadounidenses.

Oath of Allegiance

I hereby declare, on oath, that I absolutely and entirely renounce and abjure all allegiance and fidelity to any foreign prince, potentate, state, or sovereignty of whom or which I have heretofore been a subject or citizen; that I will support and defend the Constitution and laws of the United States of America against all enemies, foreign and domestic

Estados Unidos les debe mucho a los inmigrantes. De hecho, muchos estadounidenses y sus familias fueron alguna vez inmigrantes. Cuando las personas se mudan, llevan cosas consigo. Llevan sus **tradiciones**. También llevan sus creencias. Comparten sus habilidades.

Estas personas hacen que el país sea más **diverso**. Ayudan a que el pueblo crezca y aprenda. Los inmigrantes ayudan a hacer de Estados Unidos un lugar especial.

⚙ Resolución de problemas

Cuando los inmigrantes llegaban a Ellis Island, muchos probaban comidas nuevas por primera vez. Algunos bocadillos populares que les servían a los inmigrantes eran helados, sándwiches y plátanos. Algunos inmigrantes no sabían cómo comer plátanos, ¡porque nunca los habían visto!

1. Haz una encuesta en tu clase. Pregúntales qué bocadillo les hubiera gustado probar en Ellis Island: helado, un sándwich o un plátano.

2. Muestra los datos en un gráfico de barras. Recuerda incluir un título, la escala y rótulos.

3. Escribe dos preguntas sobre los datos que se puedan responder mirando el gráfico de barras. Luego, responde las preguntas.

Glosario

atracaban: llegaban a puerto

ciudadanos: personas que tienen todos los derechos de un país

creencias: cosas que las personas piensan que son verdaderas o correctas

detenidos: retenidos o demorados en un lugar

diverso: formado por personas que son diferentes entre sí

enfermedades: dolencias

entrevista: preguntas que se realizan para aprender más sobre una persona

inmigrantes: personas que llegan a los países para vivir allí

oportunidades: situaciones en las que las personas pueden hacer o logar cosas

proceso: una serie de acciones que generan algo o hacen que algo suceda

tradiciones: maneras de pensar, actuar o hacer las cosas que grupos de personas han usado durante mucho tiempo

Índice

Soluciones

Exploremos las matemáticas

página 5:

1. automóvil

2. barco y a pie

3. 20 estudiantes; las respuestas variarán, pero pueden incluir que cada 👤 representa a 1 estudiante y que hay 20 👤s.

página 11:

1. 18 letras es la mayor cantidad; 2 letras es la menor cantidad

2. 8 personas

3. 0 personas; las respuestas variarán, pero pueden incluir que cada X representa a una persona y no hay X en la marca 5, así que no hay personas con apellidos de 5 letras.

página 13:

1. 10 estudiantes

2. 2 estudiantes

3. 32 estudiantes; las respuestas variarán, pero pueden incluir hallar la cantidad de estudiantes para cada respuesta y luego sumarlas.

página 19:

1. empleados de la isla; 25¢

2. inmigrantes de Asia; 14¢

3. Las respuestas variarán, pero pueden incluir que los inmigrantes recibían mucho menos dinero para gastar en su comida que los empleados de la isla, y que los inmigrantes de Asia recibían, incluso, menos dinero que los inmigrantes de Europa.

Resolución de problemas

1. Las respuestas de la encuesta variarán.

2. Los gráficos de barras variarán, pero deben representar los datos recogidos en la encuesta y tener un título, escala y rótulos.

3. Las preguntas variarán, pero debe ser posible responderlas mirando el gráfico de barras y deben tener respuesta.